Impressum
Verlag: BABADADA GmbH, Nedderfeld 112 , 22529 Hamburg
Geschäftsführer / Verlagsleitung: Harald Hof
Druck: Books on Demand GmbH, In de Tarpen 42, 22848 Norderstedt

Imprint
Publisher: BABADADA GmbH, Nedderfeld 112 , 22529 Hamburg, Germany
Managing Director / Publishing direction: Harald Hof
Print: Books on Demand GmbH, In de Tarpen 42, 22848 Norderstedt

classroom
ruang kelas

divide
membagi

186/2

board
papan

school yard
halaman sekolah

teacher
guru

paper
kertas

write
menulis

pen
pena

desk
meja kerja

ruler
penggaris

book
buku

pupil
murit

satchel

tas sekolah

pencil case

tempat pensil

pencil

pensil

pencil sharpener

pengasah pensil

rubber

penghapus

drawing pad

kertas gambar

drawing

gambar

paintbrush

kuas

paint box

kotak cat

scissors

gunting

glue

lem

exercise book

buku latihan

homework

pekerjaan rumah

number

angka

add

tambhakan

subtract

mengurangi

multiply

mengalikan

calculate

menghitung

letter

huruf

alphabet

alfabet

word

kata

text

teks

read

membaca

chalk

kapur

lesson

pelajaran

register

daftar

examination

ujian

certificate

sertifikat

school uniform

seragam sekolah

education

pendidikan

encyclopedia

ensiklopedi

university

universitas

microscope

mikroskop

map

peta

waste-paper basket

tempat sampah

school - sekolah

hotel
hotel

Grand

hostel
hostel

ROOMS

currency exchange office
kantor pertukaran mata uang

EXCHANGE

car
mobil

language
bahasa

yes / no
ya / tidak

Okay
okay

hello
hallo

translator
penerjemah

Thank you
terima kasih

how much is...?

Berapa harganya...?

I don´t get it

saya tidak mengerti

problem

masalah

Good evening!

Selamat malam!

Good morning!

Selamat siang!

Good night!

Selamat tidur!

goodbye

sampai jumpa

direction

arah

luggage

bagasi

bag

tas

backpack

ransel

guest

tamu

room

ruang

sleeping bag

kantong tidur

tent

tenda

tourist information

informasi wisata

beach

pantai

credit card

kartu kredit

breakfast

sarapan

lunch

makan siang

dinner

makan malam

Ticket

tiket

elevator

elevator

stamp

perangko

border

perbatasan

customs

cukai

embassy

kedutaan

visa

visa

passport

paspor

airplane
kapal terbang

ship
perahu

fire truck
mobil pemadam kebakaran

bus
bis

truck
truk

motorboat
perahu motor

bike
sepeda

car
mobil

ferry

feri

boat

perahu

motorbike

sepeda motor

police car

mobil polisi

racing car

mobil balapan

rental car

mobil sewa

car sharing

berbagi mobil

tow truck

truk derek

garbage truck

truk sampah

engine

motor

fuel

bahan bakar

fuel station

bensin

traffic sign

tanda lalulintas

traffic

lalulintas

traffic jam

macet

parking lot

parkir mobil

train station

stasiun kereta

tracks

trek

train

kereta api

tram

tram

wagon

gerobak

helicopter

helikopter

airport

bendara

tower

menara

passenger

penumpang

container

container

carton

karton

cart

troli

basket

keranjang

take off / land

berangkat / mendarat

city

kota

village

desa

city center

pusat kota

house

rumah

movie theater
bioskop

advert
iklan

street light
lampu jalanan

street
jalanan

taxi
taksi

snack shop
toko jajan

pedestrian
pejalan kaki

sidewalk
trotoar

zebra crossing
tempat penyebrangan jalan

dumpster
tempat sampah

crossing
penyebarang

traffic lights
lampu lalu lintas

hut
....
gubuk

apartment
....
rumah flat

train station
....
stasiun kereta

city hall
....
balai kota

museum
....
museum

school
....
sekolah

university

universitas

bank

bank

hospital

rumah sakit

hotel

hotel

pharmacy

farmasi

office

kantor

book shop

toko buku

shop

toko

flower shop

toko bunga

supermarket

supermarket

market

pasar

department store

toko serba ada

fishmonger's shop

nelayan

mall

pusat belanja

harbor

pelabuhan

park

taman

bench

banku

bridge

jembatan

stairs

tangga

subway

kereta bawah tanah

tunnel

terowongan

bus stop

pemberhantian bis

bar

bar

restaurant

restauran

postbox

kotak surat

street sign

tanda jalan

parking meter

meteran parkir

zoo

kebun binatang

swimming pool

kolam renang

mosque

mesjid

farm

pertanian

pollution

polusi

cemetery

kuburan

church

gereja

playground

tempat bermain

temple

pura

landscape

pemandangan

signpost
penunjuk arah

path
jalanan

meadow
padang rumput

stone
batu

tree
pohon

hiker
pejalak kaki

river
sungai

grass
rumput

flower
bunga

valley

lembah

hill

bukit

lake

danau

forest

hutan

desert

padang gurun

volcano

gunung berapi

castle

istana

rainbow

pelangi

mushroom

jamur

palm tree

pohon palem

mosquito

nyamuk

fly

lalat

ant

semut

bee

lebah

spider

laba-laba

landscape - pemandangan

beetle

kumbang

frog

kodok

squirrel

tupai

hedgehog

landak

hare

kelinci

owl

burung hantu

bird

burung

swan

angsa

boar

babi jantan

deer

rusa

moose

rusa

dam

bendungan

wind turbine

turbin angin

solar panel

panel surya

climate

iklim

landscape - pemandangan

waiter
pelayan

menu
daftar makanan

chair
kursi

soup
sup

pizza
pizza

cutlery
peralatan makan

tablecloth
taplak

starter
hindangan pembuka

main course
hidangan utama

dessert
hidangan penutup

drinks
minuman

food
makanan

bottle
botol

fast food

fastfood

street food

masakan jalanan

teapot

teko teh

sugar bowl

kaleng gula

portion

porsi

espresso machine

mesin espresso

high chair

kursi tinggi

bill

tagihan

tray

baki

knife

pisau

fork

garpu

spoon

sendok

teaspoon

sendok teh

serviette

serbet

glass

gelas

plate

piring

soup plate

piring sup

saucer

lepek

sauce

saus

salt shaker

tempat garam

pepper mill

gilingan merica

vinegar

cuka

oil

minyak

spices

bumbu

ketchup

saus tomat

mustard

mustar

mayonnaise

mayones

special offer
penawaran khusus

customer
klien

dairy products
produk susu

fruit
buah

shopping cart
troli

butcher's shop

pembantai

bakery

toko roti

weigh

menimbang

vegetables

sayur

meat

daging

frozen food

makanan beku

cold cuts

pemotongan dingin

canned food

makanan kaleng

detergent

sabun serbuk

candy

permen

household products

alat-alat rumah tangga

cleaning products

obat pembersihan

sales representative

penjual

cash register

kasa

cashier

kasir

shopping list

daftar belanja

opening hours

jam buka

wallet

dompet

credit card

kartu kredit

bag

tas

plastic bag

kantong plastik

water

air

juice

jus

milk

susu

coke

cola

wine

anggur

beer

bir

alcohol

alkohol

cocoa

coklat

tea

teh

coffee

kopi

espresso

espresso

cappuccino

cappucino

banana

pisang

apple

apel

orange

jeruk

melon

semangka

lemon

jeruk lemon

carrot

wortel

garlic

bawang putih

bamboo

bambu

onion

bawang bombai

mushroom

jamur

nuts

kacang

noodles

mi

spaghetti

spagetti

rice

nasi

salad

salat

fries

kentang goreng

fried potatoes

kentang goreng

pizza

pizza

hamburger

hamburger

sandwich

sandwich

escalope

sayatan

ham

ham

salami

salami

sausage

sosis

chicken

ayam

roast

menggoreng

fish

ikan

porridge oats

bubur gandum

muesli

sereal

cornflakes

cornflakes

flour

tepung

croissant

croissant

bread roll

roti

bread

roti

toast

toast

cookies

biskuit

butter

mentega

curd

dadih

cake

kue

egg

telur

fried egg

telur goreng

cheese

keju

ice cream

eskrim

sugar

gula

honey

madu

jelly

selai

nougat cream

krim nugat

curry

kare

goat

kambing

cow

sapi

calf

betis

pig

babi

piglet

celeng

bull

banteng

goose

angsa

duck

bebek

chick

anak ayam

hen

ayam

cockerel

ayam jantan

rat

tikus

cat

kucing

mouse

tikus

ox

lembu

dog

anjing

dog house

rumah anjing

garden hose

selang

watering can

penyiram

scythe

sabit

plow

bajak

farm - pertanian

sickle

sabit

hoe

cangkul

pitchfork

garpu rumput

axe

kapak

pushcart

gerobak

trough

palung

milk can

kaleng susu

sack

karung

fence

pagar

stable

kandang

greenhouse

rumah kaca

soil

tanah

seed

benih

fertilizer

pupuk

combine harvester

mesin pemanen

harvest

panen

harvest

panen

yams

yams

wheat

gandum

soya

kedelai

potato

kentang

corn

jagung

rapeseed

lobak

fruit tree

pohon buah

manioc

singkong

grain

sereal

living room
ruang tamu

bathroom
kamar mandi

kitchen
dapur

bedroom
kamar tidur

kids room
kamar anak

dining room
kamar makan

floor

lantai

wall

tembok

ceiling

atap

cellar

gudang di bawah tanah

sauna

sauna

balcony

balkon

terrace

teras

pool

kolam renang

lawn mower

mesin pemotong rumput

sheet

sprei

bedspread

selimut

bed

tempat tidur

broom

sapu

bucket

ember

switch

tombol

carpet
karpet

drape
korden

table
meja

chair
kursi

rocking chair
kursi goyang

armchair
kursi malas

book

buku

blanket

selimut

decoration

dekorasi

firewood

kayu bakar

film

filem

stereo system

hi-fi

key

kunci

newspaper

koran

painting

lukisan

poster

poster

radio

radio

notebook

buku tulis

vacuum cleaner

penyedot debu

cactus

kaktus

candle

lilin

fridge
kulkas

microwave oven
mesin pemanggang

kitchen scales
timbangan

toaster
pemanggang roti

laundry detergent
deterjen

stove
kompor

freezer
lemari es

dishwasher
mesin pencuci piring

cooker
kompor

pot
panci

cast-iron pot
panci besi

wok / kadai
wajan

pan
panci

kettle
pemanas air

steamer

panci pengukus makanan

baking tray

nampan

crockery

piring

mug

cangkir

bowl

mangkok

chopsticks

sumpit

ladle

sendok sup

spatula

sudip

whisk

mengocok

strainer

saringan

sieve

saringan

grater

parutan

mortar

mortir

barbecue

barbeque

fireplace

api terbuka

kitchen - dapur

chopping board

papan memotong

rolling pin

gilingan

corkscrew

alat pembuka botol

can

kaleng

can opener

pembuka kaleng

oven cloth

pegangan panci

sink

wastafel

brush

sikat

sponge

busa

blender

mesin pencampur

deep freezer

lemari es

baby bottle

botol bayi

tap

keran

shower
mandi

heating
mesin pemanas

towel
handuk

shower curtain
tirai kamar mandi

bubble bath
mandi busa

bathtub
bak mandi

glass
gelas

washing machine
mesin cuci

tap
keran

tiles
ubin

potty
pispot

sink
wastafel

toilet	squat toilet	bidet
toilet	toilet jongkok	bidet

urinal	toilet paper	toilet brush
pissoir	kertas toilet	sikat toilet

toothbrush

sikat gigi

toothpaste

pasta gigi

dental floss

benang gigi

wash

menyuci

hand shower

pancuran tangan

douche

pancuran

basin

bak

back brush

sikat punggung

soap

sabun

shower gel

gel mandi

shampoo

sampo

flannel

planel

drain

kuras

creme

krim

deodorant

deodoran

mirror

kaca

hand mirror

cermin tangan

razor

pisau cukur

shaving foam

busa cukur

aftershave

aftershave

comb

sisir

brush

sikat

hair-dryer

alat pengering rambut

hairspray

semprot rambut

makeup

makeup

lipstick

lipstik

nail varnish

cat kuku

cotton wool

kapas

nail scissors

gunting kuku

perfume

minyak wangi

bathroom - kamar mandi

washbag

kantong pencuci

stool

bangku

weighing scales

timbangan

bathrobe

mantel mandi

rubber gloves

sarung tangan karet

tampon

tampon

sanitary towel

handuk pembalut

chemical toilet

toilet kimia

kids room
kamar anak

alarm clock
jam alarm

cuddly toy
boneka tidur

toy car
mobil-mobilan

rattle
kelintung

doll's house
rumah boneka

present
kado

balloon
balon

bed
tempat tidur

stroller
kereta bayi

deck of cards
mainan kartu

jigsaw
teka-teki

comic
komik

lego bricks

mainan lego

toy blocks

blok mainan

action figure

figur aksi

romper suit

baju monyet

frisbee

frisbee

mobile

mobile

board game

permainan papan

dice

dadu

model train set

set model kreta api

pacifier

dot

party

pesta

picture book

buku gambar

ball

bola

doll

boneka

play

bermain

sandpit

tempat main pasir

swing

ayunan

toys

mainan

video game console

video game konsol

tricycle

sepeda roda tiga

teddy bear

teddy

wardrobe

lemari pakaian

clothing

pakaian

socks

kaos kaki

stockings

kaos kaki

tights

baju ketat

scarf
syal

belt
sabuk

umbrella
payung

t-shirt
kaos

boots
sepatu bot

slippers
sandal

sneakers
sepatu

sandals	shoes	rubber boots
sandal	sepatu	sepatu bot karet

underwear	bra	undershirt
celana dalam	BH	baju rompi

body

body

pants

celana

jeans

jeans

skirt

rok

blouse

blus

shirt

kemeja

pullover

aket berkerudung

sweater

sweater

blazer

jaket

jacket

jaket

coat

mantel

raincoat

jas hujan

costume

kostum

dress

gaun

wedding dress

gaun pengantin

suit
setelan resmi

nightgown
gaun tidur

pajamas
piyama

sari
sari

headscarf
jilbab

turban
turban

burka
burka

kaftan
kaftan

abaya
abaya

swimsuit
pakaian renang

trunks
celana renang

shorts
celana pendek

tracksuit
olah raga

apron
celemek

gloves
sarung tangan

button

kancing

glasses

kacamata

bracelet

gelang

necklace

kalung

ring

cincin

earring

anting

cap

topi

coat hanger

gantungan mantel

hat

topi

tie

dasi

zip

ritsleting

helmet

helm

braces

tali selempang

school uniform

seragam sekolah

uniform

seragam

bib
oto

pacifier
dot

diaper
popok

server
server

filing cabinet
lemari arsip

printer
pencetak

monitor
layar

paper
kertas

desk
meja kerja

mouse
mouse komputer

folder
tempat pengarsipan

keyboard
papan tombol

waste-paper basket
tempat sampah

chair
kursi

computer
computer

coffee mug
cangkir kopi

calculator
kalkulator

internet
internet

laptop

laptop

letter

surat

message

pesan

cell phone

telepon seluler

network

jaringan

photocopier

fotokopi

software

software

telephone

telepon

plug socket

plug soket

fax machine

mesin fax

form

formulir

document

dokumen

buy

membeli

pay

membayar

trade

berdagang

money

uang

dollar

Dollar

euro

Euro

yen

Yen

rouble

Rubel

Swiss franc

Franc Swiss

renminbi yuan

Renminbi Yuan

rupee

Rupiah

cash point

ATM

currency exchange office

kantor pertukaran mata uang

gold

emas

silver

perak

oil

minyak

energy

energi

price

harga

contract

kontrak

tax

pajak

stock

saham

work

bekerja

employee

karyawan

employer

majikan

factory

pabrik

shop

toko

economy - ekonomi

police officer
petugas polisi

fireman
pemadam kebakaran

cook
pemasak

doctor
dokter

pilot
pilot

gardener

tukan kebun

carpenter

tukang kayu

seamstress

penjahit wanita

judge

hakim

chemist

ahli kimia

actor

aktor

bus driver

sopir bis

taxi driver

sopir taksi

fisherman

nelayan

cleaning lady

pembantu

roofer

tukang atap

waiter

pelayan

hunter

pemburu

painter

pelukis

baker

tukang roti

electrician

tukang listrik

builder

pembangun

engineer

insinyur

butcher

tukang daging

plumber

tukang ledeng

postman

tukang pos

soldier

tentara

architect

arsitek

cashier

kasir

florist

penjual bunga

hairdresser

penata rambut

conductor

konduktor

mechanic

montir

captain

kapten

dentist

dokter gigi

scientist

ilmuwan

rabbi

rabbi

imam

imam

monk

biarawan

pastor

pendeta

hammer
palu

pliers
tang

screwdriver
obeng

wrench
kunci

torch
obor

excavator

penggali

toolbox

tas perkakas

ladder

tangga

saw

gergaji

nails

paku

drill

bor

repair

perbaikan

shovel

sekop

Damn!

Sialan!

dustpan

cikrak

paint can

pot cat

screws

sekrup

musical instruments
alat musik

drum set
alat drum

loud speaker
pengeras suara

double bass
bas

trumpet
trompet

guitar
gitar

piano

piano

violin

violin

bass

bass

timpani

tambur

drums

drum

keyboard

keyboard

saxophone

saksofon

flute

suling

microphone

mikrofon

entrance
pintu masuk

tiger
macan

cage
kandang

zebra
sebra

animal feed
pakan ternak

panda
panda

animals
hewan

elephant
gajah

kangaroo
kanguru

rhino
badak

gorilla
gorila

bear
beruang

camel

unta

ostrich

burung unta

lion

singa

monkey

monyet

flamingo

flamingo

parrot

burung beo

polar bear

beruang polar

penguin

penguin

shark

hiu

peacock

merak

snake

ular

crocodile

buaya

zookeeper

penjaga kebun binatang

seal

segel

jaguar

jaguar

zoo - kebun binatang

pony

kuda poni

leopard

macan tutul

hippo

kuda nil

giraffe

jerapah

eagle

burung elang

boar

babi jantan

fish

ikan

turtle

kura-kura

walrus

anjing laut

fox

rubah

gazelle

kijang

sports

olahraga

American football
american football

cycling
naik sepeda

tennis
tennis

basketball
basketbal

swimming
bernang

boxing
tinju

ice hockey
hoki es

soccer

sepak bola

badminton

badminton

athletics

atletik

handball

bola tangan

skiing

main ski

polo

polo

jump
meloncat

laugh
ketawa

hug
memeluk

walk
berjalan

sing
menyanyi

pray
berdoa

kiss
mencium

dream
mengimpi

write
menulis

draw
melukis

show
menunjuk

push
mendorong

give
memberikan

take
mengambil

have

mempunyai

do

melakukan

be

adalah

stand

berdiri

run

berlari

pull

menarik

throw

melempar

fall

jatuh

lie

tidur

wait

menunggu

carry

membawa

sit

duduk

get dressed

berpakaian

sleep

tidur

wake up

bangun

look at

melihat

cry

menangis

stroke

mengelus

comb

menyisir

talk

berbicara

understand

mengerti

ask

menanyak

listen

mendengar

drink

minum

eat

makan

tidy up

merapikan

love

cinta

cook

memasak

drive

menyetir

fly

terbang

activities - aktivitas

sail

berlayar

calculate

menghitung

read

membaca

learn

belajar

work

bekerja

marry

menikah

sew

menjahit

brush teeth

sikat gigi

kill

membunuh

smoke

merokok

send

kirim

grandmother
nenek

grandfather
kakek

father
bapak

mother
ibu

baby
bayi

daughter
putri

son
putra

guest

tamu

aunt

bibi

uncle

paman

brother

kakak laki

sister

kakak perempuan

body
badan

forehead
dahi

eye
mata

shoulder
bahu

finger
jari

face
muka

chin
dagu

hand
tangan

breast
payudara

leg
kaki

arm
lengan

baby
bayi

man
pria

woman
wanita

girl
perempuan

boy
laki

head
kepala

back	belly	navel
punggung	perut	pusar
toe	heel	bone
toe	tumit	tulang
hip	knee	elbow
pinggang	lutut	siku
nose	buttocks	skin
hidung	pantat	kulit
cheek	ear	lip
pipi	telinga	bibir

mouth

mulut

tooth

gigi

tongue

lidah

brain

otak

heart

jantung

muscle

otot

lung

paru-paru

liver

hati

stomach

stomach

kidneys

ginjal

sex

hubungan seks

condom

kondom

ovum

sel telur

semen

sperma

pregnancy

kehamilan

menstruation

menstruasi

vagina

vagina

penis

penis

eyebrow

alis

hair

rambut

neck

leher

hospital
rumah sakit

ambulance
ambulans

wheelchair
kursi roda

fracture
patah tulang

doctor

dokter

emergency room

ruang darurat

nurse

perawat

emergency

darurat

unconscious

semaput

pain

sakit

injury

cedera

bleeding

perdarahan

heart attack

serangan jantung

stroke

stroke

allergy

alergi

cough

batuk

fever

demam

flu

flu

diarrhea

diare

headache

sakit kepala

cancer

kanker

diabetes

diabetes

surgeon

ahli bedah

scalpel

pisau bedah

operation

operasi

hospital - rumah sakit

CT

CT

x-ray

sinar x

ultrasound

usg

face mask

topeng

disease

penyakit

waiting room

ruang tunggu

crutch

penyokong

plaster

plester

bandage

perban

injection

injeksi

stethoscope

stetoskop

stretcher

usungan

clinical thermometer

termometer klinis

birth

kelahiran

overweight

kelebihan berat badan

hearing aid

alat pendengar

disinfectant

desinfektan

infection

infeksi

virus

virus

HIV / AIDS

HIV / AIDS

medicine

obat

vaccination

vaksinasi

tablets

tablet

pill

pil

emergency call

panggilan darurat

blood pressure monitor

ukur tekanan darah

ill / healthy

sakit / sehat

Help!

Tolong!

 alarm

alarm

 assault

penyerbuan

 attack

serangan

danger

bahaya

emergency exit

pintu darurat

 Fire!

Api!

fire extinguisher

alat pemadam kebakaran

 accident

kecelakaan

 first-aid kit

kit pertolongan pertama

 SOS

SOS

 police

polisi

Europe

Eropa

North America

Amerika Utara

South America

Amerika Selatan

Africa

Afrika

Asia

Asia

Australia

Australi

Atlantic

Atlantik

Pacific

Pasifik

Indian Ocean

Samudra India

Antarctic Ocean

Samudra Antartika

Arctic Ocean

Samudra Arktik

North pole

kutub utara

South pole

kutub selatan

Antarctica

Antarktika

earth

bumi

land

tanah

sea

laut

island

pulau

nation

bangsa

state

negara

clock face

jam wajah

hour hand

jarum pendek

minute hand

jarum menit

second hand

jarum detik

What time is it?

Jam berapa?

day

hari

time

waktu

now

sekarang

digital watch

jam digital

minute

menit

hour

jam

week

minggu

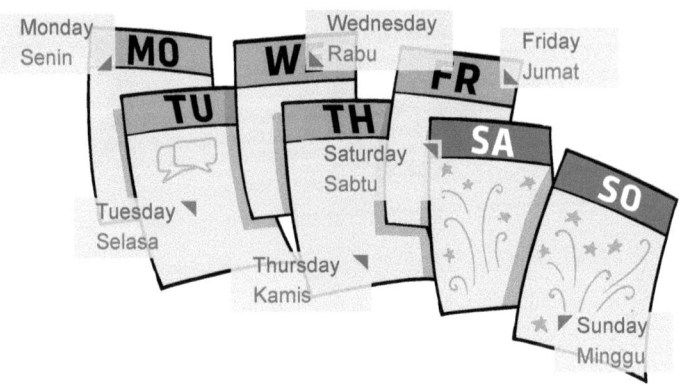

Monday
Senin

Tuesday
Selasa

Wednesday
Rabu

Thursday
Kamis

Friday
Jumat

Saturday
Sabtu

Sunday
Minggu

yesterday

kemaren

today

hari ini

tomorrow

besok

morning

pagi

noon

siang

evening

malam

workdays

hari kerja

weekend

akhir minggu

rain
hujan

snow
salju

wind
angin

spring
musim semi

fall
musim gugur

summer
musim panas

winter
musim dingin

weather forecast

ramalan cuaca

thermometer

termometer

sunshine

matahari

cloud

awan

fog

kabut

humidity

kelembahan

lightning

kilat

thunder

guntur

storm

badai

hail

hujan es

monsoon

monsun

flood

banjir

ice

es

January

Januari

February

Februari

March

Maret

April

April

May

Mei

June

Juni

July

Juli

August

Agustus

September
....
September

October
....
Oktober

November
....
November

December
....
Desember

shapes
bentuk

circle
....
lingkaran

square
....
persegi

rectangle
....
persegi panjang

triangle
....
segi tiga

sphere
....
bola

cube
....
kubus

warna-warna

white

putih

yellow

kuning

orange

oranye

pink

pink

red

merah

purple

ungu

blue

biru

green

hijau

brown

coklat

gray

abu-abu

black

hitam

a lot / a little

banyak / sedikit

angry / calm

marah / tenang

beautiful / ugly

cantik / jelek

beginning / end

mulaih / selesai

big / small

besar / kecil

bright / dark

terang / gelap

brother / sister

udara laki-laki / saudara perempuan

clean / dirty

bersih / kotor

complete / incomplete

lengkap / tidak lengkap

day / night

hari / malam

dead / alive

mati / hidup

wide / narrow

luas / sempit

edible / inedible

dapat dimakan / tidak dapat dimakan

evil / kind

jahat / baik

excited / bored

bersemangat / bosan

fat / thin

gemuk / kurus

first / last

pertama / terakhir

friend / enemy

teman / musuh

full / empty

penuh / kosong

hard / soft

keras / lembut

heavy / light

berat / enteng

hunger / thirst

lapar / haus

ill / healthy

sakit / sehat

illegal / legal

ilegal / legal

intelligent / stupid

cerdas / bodoh

left / right

kiri / kanan

near / far

dekat / jauh

new / used

baru / bekas

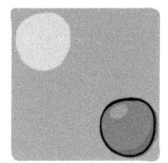

nothing / something

tidak ada apapun / sesuatu

old / young

tua / muda

on / off

nyala / mati

open / closed

buka / tutup

quiet / loud

tenang / keras

rich / poor

kaya / miskin

right / wrong

benar / salah

rough / smooth

kasar / halus

sad / happy

sedih / gembira

short / long

pendek / panjang

slow / fast

pelan-pelan / cepat

wet / dry

basah / kering

warm / cool

hangat / sejuk

war / peace

perang / damai

0	**1**	**2**
zero	one	two
nol	satu	dua

3	**4**	**5**
three	four	five
tiga	empat	lima

6	**7**	**8**
six	seven	eight
enam	tujuh	delapan

9	**10**	**11**
nine	ten	eleven
sembilan	sepuluh	sebelas

12

twelve

duabelas

13

thirteen

tigabelas

14

fourteen

empatbelas

15

fifteen

limabelas

16

sixteen

enambelas

17

seventeen

tujuhbelas

18

eighteen

delapanbelas

19

nineteen

sembilanbelas

20

twenty

duapuluh

100

hundred

seratus

1.000

thousand

seribu

1.000.000

million

juta

languages
bahasa-bahasa

English

Inggris

American English

bahasa Inggris Amerika

Chinese Mandarin

bahasa Cina Mandarin

Hindi

bahasa Hindi

Spanish

bahasa Spanyol

French

bahasa Perancis

Arabic

bahasa Arab

Russian

bahasa Rusia

Portuguese

bahasa Portugis

Bengali

bahasa Bengal

German

bahasa Jerman

Japanese

bahasa Jepang

I
saya

you
kamu

he / she / it
dia

we
kita

you
kalian

they
mereka

who?
siapa?

what?
apa?

how?
begaimana?

where?
dimana?

when?
kapan?

name
nama

behind

dibelakang

in

di

in front of

didepan

over

diatas

on

diatas

under

dibawah

beside

sebelah

between

di antara

place

tempat

·